AF371128

CHAMBRE DES DÉPUTÉS.

OPINION

DE

M. LE BARON D'ARTHENAY,

SUR

Le Projet de Loi relatif aux Biens des Émigrés, non vendus.

IMPRIMÉE PAR ORDRE DE LA CHAMBRE.

Séance du 24 Octobre 1814.

MESSIEURS,

Le Projet qui vous est présensé, acte solennel de la justice du Roi, me paraît être aussi un

Fon n° 76.

appel à la vôtre. Je viens donc vous proposer de donner, par amendement, quelques extensions à la Loi.

Vous aurez remarqué combien, en venant au secours d'une portion de ses sujets, qui mérite tout son attachement et tout votre intérêt, Sa Majesté s'est montrée attentive, non seulement à ne blesser les droits de personne, mais encore à éviter tout charge nouvelle pour le Trésor public.

Rendons hommage à cette scrupuleuse délicatesse ; mais que le cœur paternel du Roi en trouve la récompense dans votre empressement à déclarer que les mouvemens de sa bonté ont été arrêtés par des considérations trop rigoureuses ; qu'il pouvait et que vous désirez faire plus qu'il ne demande.

En effet, Messieurs, pourquoi excepterions-nous des remises à faire aux émigrés, d'abord les biens cédés à la caisse d'amortissement ?

Lorsque l'Autorité législative aura fondé cette caisse sur les bases d'une indépendance, sans laquelle elle ne peut exister, et qui sera garantie par la surveillance des deux Chambres ; sans doute, alors, les fonds qui lui seront assignés se ront sacrés, et rien n'en pourra changer la destination.

Mais, qu'a-t-elle été jusqu'à ce jour ? Une Caisse de service, une succursale du Trésor public, dans laquelle il a puisé pour ses besoins.

Or, les biens destinés en apparence à la caisse d'amortissement, mais versés en réalité dans celle du Gouvernement, ne rentrent-ils pas dans la classe de ceux qui sont restés dans la main et à la disposition de ce Gouvernement, et qu'il rend aujourd'hui ?

Par le Sénatus-consulte du 6 floréal an 10, *les immeubles affectés à un service public, sont exceptés des biens qui seront rendus aux émigrés ;* et je ne conteste pas que cette exception s'applique aux biens cédés à la caisse d'amortissement.

Mais indépendamment de ce que leur destination n'a point été remplie, puisque c'est le Gouvernement qui en a usé : les hôtels affectés à divers ministères, à divers administrations ; ce palais même, où vous tenez vos séances, ne sont-il pas *affectés à un service public ?* Cependant, d'après le Projet de Loi, il seront rendus, ou il sera *réglé une indemnité* pour les propriétaires. Pourquoi y aurait-il une législation différente pour les biens affectés à la caisse d'amortissement, et non vendus ?

Les bois et forêts, les grands canaux de navigation, sont aussi *exceptés* dans le même Sé-natus-consulte : cependant, d'après le Projet de Loi, ces bois et ces forêts, et ces droits de propriété sur les grands canaux, sont également rendus : pourquoi, je le répète, y aurait-il une législation différente pour les biens affectés à la Caisse d'amortissement.

Je crois donc que la remise doit en être faite aux émigrés qui en étaient propriétaires.

Mon second amendement est relatif aux canaux de navigation.

L'article 13 conserve les actions dont ils sont grevés ; et jai pensé que vous ne voudrez pas, en faisant une remise aussi incomplète de ces canaux, être justes à demi.

Toutefois, avant de proposer qu'ils soient dégagés des charges qui leur sont imposées, je demande, et je ne parlerai que dans cette hypothèse, qu'elles soient déclarées *dette nationale*. On compte parmi les actionnaires un grand nombre de militaires : et ce nom commande , plus que tout autre encore , le respect dû aux engagemens ; engagemens d'autant plus sacrés envers les braves qui versent leur sang pour la Patrie, que , quel que soit le paiement, jamais on ne s'acquitte avec eux.

Je demande donc que, pour concilier ce que réclament les services d'une part , et les droits d'une propriété *non-vendue* de l'autre , il soit accordé aux actionnaires qui sont *en possession et jouissance*, une indemnité équivalente aux actions à *eux délivrées* , laquelle sera assignée sur le Grand-Livre de la dette publique.

Cette disposition sera digne d'une grande et loyale Nation , qui se charge elle-même de sa reconnaissance , sans aller chercher les biens des particuliers pour payer sa dette.

Ainsi indemnisés , les actionnaires n'auront aucune raison de se plaindre. Ils n'ont point acquis leurs actions à titre onéreux. Elles ne sont point dans la classe des biens qui ont été achetés légalement, dont le prix a été versé au Trésor public, pour être employé aux besoins de l'Etat.

En un mot ce n'est point ici une de ces ventes nationales dont la garantie solemnellement proclamée dans la Charte, est encore répétée dans le préambule du Projet présenté par Sa Majesté, comme si elle eût voulu donner surabondamment ce nouveau gage de sa royale fidélité à ses promesses : fidélité qui est une grande leçon pour celui de ses Ministres qui opposerait ses pensées à celles du Roi, au lieu de s'honorer en tenant son langage, en s'associant à ses principes et partageant sa bonne foi.

Je dis donc, Messieurs, que les actionnaires ne possèdent leurs actions qu'à titre gratuit; je pourrais ajouter que leur titre ne repose sur rien, puisqu'il repose sur un droit de propriété qui n'existait pas.

Pour vous en convaincre, Messieurs, il suffira de vous rappeler, en peu de mots, les mesures d'administration et de législation, qui ont eu lieu pour les canaux.

Il ne s'agit ici que de ceux d'Orléans, de Loing, et du Midi, puisqu'il n'a été fait aucune disposition des autres appartenant à l'Etat.

Ce n'est qu'en décembre 1808 qu'une Loi, provoquée par le chef du Gouvernement , a autorisé la vente des canaux, qui avait été refusée jusqu'à-lors.

Car c'est un rapprochement digne de remarque, que cette vente, proposée successivement à l'Assemblée constituante , à la Convention, enfin à toutes les Assemblées qui ont précédé le dernier Gouvernement, a toujours été rejetée , comme si elles avaient été arrêtées, par un respect irrésistible, devant ces monumens du patriotisme et du génie.

Ils étaient seulement séquestrés ; et cette mainmise, qui pouvait n'être que momentanée, loin d'enlever l'espérance aux propriétaires, semblait, au contraire, réserver leurs droits, dans le cas de leur retour.

Cette limite que les Gouvernemens précédens s'étaient prescrite à eux-mêmes, a peut-être été, pour Buonaparte, une raison de la franchir; tant il était dans son caractère de vouloir exécuter précisément ce que d'autres n'avaient osé entreprendre.

Il est vrai qu'il appuyait cette mesure sur des motifs d'intérêt public. Le produit des canaux devait servir à en ouvrir de nouveaux , dont les revenus anraient eu ensuite successivement la même destination ; ce qui présentait une longue perspective de facilités et d'avantages pour la circulation intérieure.

C'est, sans doute, d'après ces considérations que vous vous êtes déterminés à admettre la Loi dont il s'agit. Il n'était pas dans vos attributions de suivre le mode d'exécution. Mais ce n'a pas été sans surprise que vous avez appris l'emploi tout différent qui a été donné au produit des canaux; vous avez sur-tout été étonnés de la manière dont cette vente a eu lieu.

Elle a été consentie au chef du dernier Gouvernement, pour l'Etat, par le Ministre de l'intérieur et le directeur-général de la caisse d'amortissement ; elle a été acceptée, pour lui, par l'intendant général de son domaine extraordinaire.

Ici , Messieurs, vous êtes arrêtés par une première réflexion. Vous voyez bien un acquéreur; mais vous cherchez le vendeur. Il faut cependant, pour une vente, qu'il y ait vendeur et acquéreur. Le vendeur manque, à moins qu'on ne regarde Buonaparte comme ayant pu vendre à lui-même.

Les partisans de cette opinion l'appuient, sur ce que Buonaparte réunissant en lui deux qualités, et, pour ainsi dire, deux personnes, celle d'Empereur et celle de propriétaire du domaine extraordinaire, il a pu, comme Empereur, vendre au propriétaire du domaine extraordinaire. Il faut réduire à ses justes termes le droit de l'Empereur à cet égard. Il pouvait faire vendre les biens qui étaient sous la main du Gouvernement, et s'en rendre adjudicataire pour son domaine extraordinaire ; mais, dans aucun cas, et moins encore dans celui où il traitait pour lui-même, il ne pouvait s'affranchir des formalités requises pour l'aliénation des domaines nationaux.

Or, s'est-il conformé à ce que les Lois prescrivaient? Les formes nécessaires ont-elles été observées? Non, il n'y en a eu aucune. Il n'y a eu ni estimation, ni affiche, ni publication, ni adjudication publique aux enchéres.

Il n'y a donc pas eu de vente.

C'est cependant en vertu de ce contrat fictif et bizarre, passé entre Buonaparte, représenté par son Ministre, d'une part, et Buonaparte représenté par son intendant du domaine extraordi-

naire, d'autre part, qu'il a divisé sa prétendue propriété en actions destinées, les unes à augmenter
la dotation de la Légion-d'Honneur, les autres à
des militaires blessés ; quelques-unes aux travaux
du Louvre ; un grand nombre à des dotations pour
des personnes de sa famille et de sa cour.

Après cette distribution, deux Décrets des 3 et
10 mars 1810 ont formé les actionnaires en
société, et réglé le mode d'administration des canaux.

Mais Messieurs, si, dans cette suite de dispo-
sitions, toutes irrégulières, vous ne voyez rien que
de collusoire, rien de légal, rien qui puisse fonder
la propriété en vertu de laquelle le chef du dernier
Gouvernement aurait disposé des canaux, vous
devez les rendre aux propriétaires, dégagées des
charges dont il n'avait pas droit de les grever.
Vous devez aussi leur en rendre, le plus-tôt possible,
l'administration.

L'on reproche souvent aux Français de manquer
d'esprit public. Gardons-nous de fournir, dans
cette circonstance, des argumens à nos détracteurs.
Et ne serait-ce pas manquer d'esprit public, que
de livrer des établissemens aussi importans que des

canaux de navigation, à une société, qui n'ayant qu'une donation indivise, viagère même pour quelques-uns, et précaire pour tous, doit être bien plus portée à forcer les dividendes de chaque année, qu'à faire des fonds de réserve pour les dépenses d'entretien et de réparations, qui cependant ne peuvent être différées, ou négligées, sans laisser en souffrance, ou même mettre en péril les plus chers intérêts du commerce.

Pour assurer leur sort, il faut les confier aux familles qui les ont crées, et qui, pendant plus d'un siècle, ont fait leurs preuves d'une si belle et si prévoyante administration ; que toutes les autorités ont constamment rendu cet honorable témoignage ; que ni l'aspérité des lieux, ni la rudesse des climats, ni l'éloignement des ressources n'ont jamais arrêté l'activité des propriétaires, qui toujours ont déployé les mêmes moyens et la même célérité pour les réparations.

La grande question de savoir lequel de l'intérêt public, ou de l'intérêt privé, offre plus de garantie pour une bonne gestion, a souvent été agitée et décidée en sens contraire, selon les mesures qu'on avait à proposer.

Mais il faudra toujours en revenir à un principe incontestable , parce qu'il est dans la nature des choses : c'est que l'intérêt particulier , plus actif , plus vigilant , plus persévérant , indépendant , d'ailleurs , de toute influence étrangère , tend constamment vers la conservation et l'amélioration dont ne s'occupent pas toujours ceux qui gèrent les affaires des autres.

Cette vérité a été tellement sentie , que lorsqu'en 1368 les Etats de Languedoc se préposèrent, avec l'autorisation du Roi , d'acquérir le canal, un nouvel examen provoqué par les alarmes du commerce , et leurs propres réflexions , les fit renoncer à ce Projet. Ils trouvèrent prudent de le laisser dans les mains de ceux qui ne pouvaient augmenter leur avantage , qu'en augmentant l'avantage du public.

Ne serait-ce donc pas manquer d'esprit national que de ne point excepter les grands canaux de navigation , cette partie si essentielle de la fortune publique , des autres donations et confiscations ordonnées par le chef du dernier Gouvernement ?

Qu'il ait disposé de maisons , de domaines en faveur de quelques uns de nos héros , les titres de ceux qui les ont obtenus , ont légitimé et consacré en quelque sorte le droit de celui qui les a donnés ; et la Nation, sur laquelle ils ont versé tant de gloire, est loin de regretter ni de rechercher les largesses qui en ont été le prix.

« Mais lorsqu'il s'agit d'établissemens qui, sui-
» vant le résumé d'un homme d'Etat, voiturent
» un commerce de cinquante millions par année,
» procurent cinq millions de bénéfice aux mar-
» chands, augmentent de vingt millions les reve-
» nus des propriétaires riverains, et rendent à
» l'Etat cinq millions de contributions, l'intérêt
» public ne commande t-il pas d'en réunir, si je
» puis m'exprimer ainsi, les débris épars, et de
» les centraliser, comme autrefois, dans les mêmes
» mains qui en assuraient la prospérité ? »

Que si, pour parvenir à ce but, l'indemnité équivalente qu'il faut donner aux actionnaires, et que je demande comme la condition expresse de l'affranchissement des canaux, coûte un sacrifice à l'Etat, qui n'applaudira pas à ce sacrifice offert par une généreuse et sage exception, aux familles bienfaitrices de leur Patrie ?

Car vous le savez, Messieurs, et c'est sur-tout à cette tribune qu'il convient de proclamer cette vérité.....

Ceux qui, par un beau dévoûment, consacrent leur génie, leurs veilles et leurs capitaux à d'immenses entreprises, qui, comme celles dont il s'agit, sont autant de moyens d'activité pour le commerce, et par conséquent de prospérité pour les États; ceux-là, sans doute, sont les bienfaiteurs de leur Patrie.

Lorsque, dans un pays voisin qu'on propose souvent à votre imitation ; lorsque dans un autre qui venait naguère chercher parmi nous des modèles, mais qui, ayant dans un jour avancé d'un siècle, s'est placé tout-à-coup au premier rang des premières nations; lorsqu'enfin chez tous les peuples éclairés sur leurs véritables intérêts, les honneurs, les richesses, les récompenses nationales vont chercher quiconque s'est distingué par de grands talens, d'utiles exploits, ou d'éminens services; ces service, si encouragés ailleurs, ne seraient payés chez nous que par des confiscations, dont l'effet serait de détruire, de paralyser le génie et l'émulation ; d'étouffer, dans leur naissance, toutes idées grandes, utiles et généreuses, et de rappeler ainsi la stupide imprévoyance du sauvage qui coupe par le pied l'arbre dont il veut cueillir le fruit.

Le troisième amendement qui me reste à vous proposer, Messieurs, est relatif aux rentes que les émigrés possédaient en vertu de contrats, sur le Grand-Livre de la dette publique, je demande qu'elles leur soient rendues.

On objecte que ces rentes *sont éteintes par confusion*, et qu'on ne peut rendre ce qui n'existe plus.

Il est nécessaire de s'entendre sur ces mots, *extinction par confusion*, dont il est permis de ne pas saisir tout-à-coup le v-ritable sens.

Si nous prenons pour exemple ce qui s'est passé tout récemment, je conçois que lorsque, par un prêt fictif, le trésor particulier du chef du Gouvernement a été versé dans le Trésor public, ce dernier soit dispensé de toute restitution envers le chef du Gouvernement qui succède; et voilà ce qu'on peut appeler une *extinction par confusion*.

Mais peut-elle s'appliquer aux rentes des émigrés? Est-ce parce qu'elle n'ont pas été payées, qu'elles son réputées éteintes? Elles seraient alors éteintes, non par *confusion*, mais par *pres-*

cription ; s'ils s'était écoulé un laps de tems suf-
fisant pour l'acquérir.

Mais, ce n'est pas ce moyen d'exception qu'on
leur oppose, la prescription n'est pas acquise.

Ces rentes existent donc? Elles existent au profit du Gouvernement, je dis au *profit*, puisqu'il
en a profité en ne les acquittant pas. C'est une
jouissance négative, il est vrai; cependant réelle,
puisqu'une fortune s'accroît, non seulement de ce
qu'elle reçoit, mais de ce qu'elle n'a plus à payer.

A quel titre le paiement de ces rentes a-t-il été
suspendu? à titre de confiscation. Voilà le mot,
et le point de décision en faveur des émigrés.

Vous voulez que tout ce qui est non vendu, et
dans les mains du Gouvernement, par confiscation, soit restitué. Eh bien! ils vous demandent
que leurs rentes confisquées comme les bois et les
maisons, soient comprises dans la même restitution.

Les forêts, les hôtels ne sont le patrimoine que
du plus petit nombre des émigrés et des plus ri-
ches. Plusieurs n'avaient que des rentes sur l'Etat.
Ce sont ceux-là peut-être qui éprouvent plus de

besoins : pourriez-vous les traiter moins favorablement que les autres ?

Je n'ai pas bien recherché exactement à quelles
sommes ces rentes peuvent monter. J'ai pensé,
Messieurs, que si je vous présentais des calculs,
vous m'interromperiez, comme autrefoisà Athènes,
pour me dire qu'il s'agit de savoir si ma proposition est juste et non ce qu'elle coûtera.

Cependant voulant composer, en quelque sorte,
avec votre constante sollicitude pour les intérêts
du Trésor public, je crois pouvoir vous assurer
que le tiers des rentes à rendre aux émigrés n'excédera pas quatre millions.

C'est d'après un Ouvrage sur les Finances, publié en l'an 9 par le Ministre d'alors, que je vous
présente ce calcul.

Selon lui, à l'époque du 19 frimaire an 6, les
rentes perpétuelles qui, auparavant, s'élevaient à
139 millions (je laisse les fractions), se sont
trouvées réduites à 119 millions , par l'extinction
des parties dues aux établissemens supprimés et
aux émigrés , par les compensations offertes par
différens comptables, et par les paiemens faits sur
les domaines nationaux.

Je ne puis savoir dans quelle proportion les rentes dues *aux émigrés* ont contribué à cette réduction de 20 millions, qui a résulté, comme vous le voyez, de plusieurs autres causes réunies.

Si elles y ont contribué pour trois cinquièmes, ou *douze millions*, ce qui me paraît une supposition très-forte, ces *douze millions* réduits au tiers ne donnent que *quatre millions* d'inscription.

Prétendrait-on que ces cinq ou six millions, dont les extensions que je propose pourront charger le Grand-Livre de la dette publique, porteront préjudice aux autres rentes consolidées ?

Vous ne le croiriez pas, Messieurs. Autant la privation de ces sommes est cruellement sentie par les familles qui en sont frustrées, autant le paiement en sera insensible pour chacun, lorsqu'il sera réparti sur l'universalité des Français.

Si la situation actuelle des finances était un obstacle momentané, vous pourriez mettre d'accord la justice et la prudence ; en laissant à la haute sagesse du Roi le soin de fixer l'époque où il sera possible d'imposer ces nouvelles charges.

La modération qui a présidé à la rédaction du Projet, vous garantit que Sa Majesté ne précipitera rien pour l'exécution de la Loi.

Je pourrais rattacher cette question à ce qui vous a été tout récemment développé avec tant de succès, par M. le Ministre des finances, et par plusieurs Orateurs de cette Chambre.

Je pourrais vous rappeler ce que vous a dit M. le Ministre : que les créanciers de l'Etat sont les créanciers de tous les Français ; et que le crédit public va toujours croissant, en raison de la bonne foi à reconnaître ses dettes, et de l'exactitude à les payer.

Mais je dois vous épargner des répétitions fastidieuses et inutiles, pour appuyer un principe généralement avoué par vous. Fatiguer votre patience, c'est douter de vos lumière ; l'on n'a pas besoin de tout dire aux esprits qui peuvent tout suppléer.

Il me suffira donc de vous faire observer que les créances dont il s'agit ne sont pas moins respectables que celles dont M. le Ministre des finances vous a demandé, et dont vous avez ordonné l'acquittement. Les émigrés créanciers n'auraient-ils pas même, sur les autres, un titre de préférence, celui du malheur ?

Par ces considérations, et vu que les extensions que je viens de motiver, ne blessent en rien les *droits à jamais inviolables des tiers, , je vote* pour le Projet de Loi, avec les amendemens suivans :

1°. Les biens cédés à la caisse d'amortissement seront rendus aux émigrés qui en étaient propriétaires, ou à leurs héritiers ou ayant-cause ;

2°. Les propriétés sur les grands canaux d'Orléans, de Loing et du Midi, seront rendues à ceux qui en étaient propriétaires, ou à leurs héritiers ou ayant-cause, sans aucune des charges dont elles ont été grevées par le chef du dernier Gouvernement.

Sur la représentation, et en échange des actions qui leur ont été délivrées, il sera donné aux actionnaires des inscriptions de rentes sur le Grand-Livre de la dette publique, équivalentes au produit de leurs actions.

3°. Les émigrés propriétaires de contrats de rente sur l'Etat, ou leurs héritiers ou ayant cause, seront inscrit sur le Grand-Livre de la dette publique, pour le tiers de ces rentes ;

4°. Le Gouvernement fixera les époques où les remises et indemnités ordonnées par les trois articles précédens devront avoir leur exécution.

HACQUART, Imprimeur de la Chambre des Députés, rue Gît-le-Cœur, n° 8.